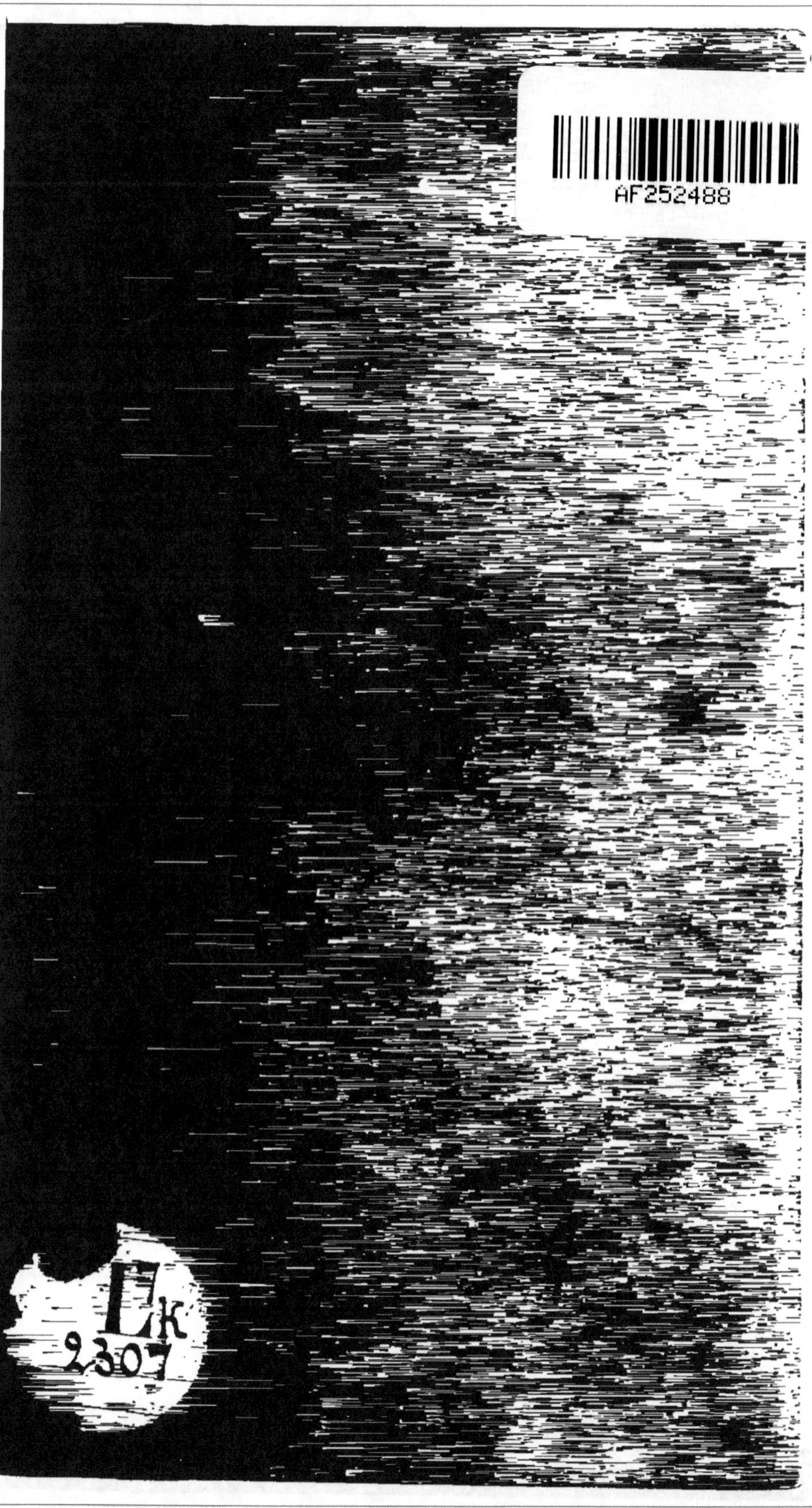
AF252488

LES
MEMOIRES

De ce qui s'est passé à Creil, pres Clermont en Beauuoisis, pendant le sejour de Monsieur le Prince.

A PARIS,

De l'Imprimerie d'Anthoine du Brueil, entre le pont S. Michel, & la ruë de la Harpe, à l'estoille couronnee.

M. DC. XV.

LES
MEMOIRES DE CE QVI

s'eſt paſſé à Creil, pres Clermont
en Beauuoiſis, pendant le ſejour de
Monſieur le Prince.

5 Jul. 1615

A INSI comme il
n'y a nation, ny vil-
le, ny pays pour pe-
tit ou de peu d'eſté-
duë, puiſſe-il eſtre,
qui n'ait ſes couſtumes, ſes loix,
ſa mode, & ſon parler different,
ainſi n'y a il Prouince qui n'ait
quelque inuention de ieux pour
ſe reſiouyr en laquelle elle exce-
de en quelque façon & maniere
l'induſtrie & dexterité des autres.

A ij

C'eſt pourquoy à ceſte occaſion les peuples & habitans du pays de Beauuoiſis, conuiez amoureuſement par la beauté de la ſaiſon & douce tranquillité de l'air : s'eſtans de toute anciennete addonnez à l'exercice des armes, & principallement aux iouxtes de toutes ſortes, & à tirer de l'arquebuze, ſe treuuerent allumez d'vn beau deſir de faire paroiſtre aux autres qu'ils eſtoient maiſtres, & comme ſinguliers de ceſt exercice : & pource, enuoyerent ſur le commencement du preſent mois de Iuillet, le cartel de deffy aux habitans des villes qui leur eſtoient plus proches & voiſines.

Le lieu choiſi pour faire le ſuſdit exercice fut le Bourg de Creil, ſiz entre Beaumót & Cler-

mont pour la beauté de la place,
digne certes d'vne telle feste &
resiouyssance.

Le prix destiné aux vain-
queurs & aux gaignans plus dex-
tres & adroicts , furent deux
enseignes de Diamans & pierre-
ries de la valleur & estime de cinq
à six mille francs.

Monsieur le Prince qui pour
lors estoit en sa maison de Clermont, fut inuité tant par ceux de
Creil , que par les habitans de
Clermont, ses suiets, & de Beaumont, de s'y trouuer pour y rece-
uoir du plaisir & du contentement, comme il fit, suiuy & ac-
côpagné de plusieurs Seigneurs
& Gentils-hommes de remar-
que & qualité.

Les villes deffieez pour le gain
du prix proposé, furent Mante,

Pontoiſe, Senlis, Luzerche, Verbery, S. Leu, Beaumont, & Clermont.

Le iour eſt prins , ſçauoir le
Dimanche 5. iour de Iuillet. Le
Samedy iour de la vueille, cha-
cun ſe trouue & ſe rend, les vns
à Beaumont , les autres à Clermont, & les autres audit lieu de
Creil, pour loger attendans le
lendemain que tous ſe deuoient
rendre audit Creil.

Ceux de Mante arriuent des
premiers par batteau , remontás
par la riuiere d'Oiſe iuſques à
Beaumont, ils eſtoient de tireurs
choiſis enuiron 40. tous riche-
ment accouſtrez & habillez , a-
uec des panaches & eſcharpes
bleuës.

Ils auoient en leur compagnie vn Porte-Enſeigne, qui a-

uoit vn pourpoint de satin blãc,
& les chausses de velours rouge
cramoisi à large passement d'or,
auec le haut panache de plumes
de Heiron sur la teste, attaché
auec vne moyenne enseigne de
petits diamants, l'enseigne bleuë
de tafetas portoit vn S. Nicolas
auec force fleurs de Lys d'or. Et
outre ce, ils auoient trois trompettes marchans deuant le Capitaine armé de toutes pieces,
sur vn cheual grison, dont la sel-
le & les brides estoient en broderie d'or & d'argent.

Ceux de Pontoise estoient en
nombre 53. hommes, portans
l'escharpe & la liuree vert de
mer : ils estoient conduits par
quatre trompettes, & d'vn Capitaine habillé de satin gris, auec
le hausse-col doré, monte sur vn

Cheual hongre, paré d'vne
felle de velours vert, enrichie de
broderie d'or & d'argent, & d'vn
port-enfeigne habillé de tafetas
rouge, l'enfeigne verte au milieu
de laquelle eftoit vn S. Loys,
tenant en fa main vn Sceptre &
en l'autre vne main de Iuftice.

Ceux de Senlis eftoient enuiron cinquante fix hommes tous
portans l'echarpe blanche, les
bádolieres & garnitures de for-
chettes de mefme, ils eftoient
conduits de deux trompettes,
d'vn Capitaine habillé de fatin
rouge cramoifi chamarré de
clinquant, le chapeau de Caftor
embelly d'vne aigrette attachee
d'vne riche rofe de diamants, le
porte enfeigne habillé de fatin
blanc, l'enfeigne blanche ou e-
ftoit pourtraicte vne noftre Da-
me &

me & force eftoilles d'or & d'argent.

Ceux de Luzarche en nombre de 25. au lieu de trompettes quatre hauts-bois, leur liuree eftoit de roze feiche, leur enfeigne de tafectas gingeollin auec les armoiries de fa Maiefté au milieu, leur Capitaine eftoit armé de toutes pieces, d'armes luifantes & dorees, & le Porte-enfeigne de mefme.

Ceux de Verbery eftoient 18. conduits d'vn Capitaine & d'vn Lieutenant, auec Phiffres & Tambours, leur Enfeigne iaune & rouge & blanche, & leurs liurees en couleurs colombines.

Ceux de S. Leu eftoient 22. tous habillez de toile blanche, auec les efcharpes & bâdolieres orangees, leur enfeigne bigarree de noir, de blanc, & de vert, leur Capitaine estoit habillé de simple tafetas gris decoupé à fond de tafetas rouge, & n'a-uoient qu'vn Tambour & vn Phiffre.

Ceux de Beaumont choisis en nombre de 47. hommes tous mousquetaires, portans pour liurees & couleurs le jaune, tant en leurs escharpes, qu'en leurs bandolieres & fourchettes : a-uoient pour conduitte vn Ca-pitaine habillé de toille d'ar-gent, pour le pourpoint & les chausses de rose seiche de velours figuré, auec trois passemens d'or, le hausse col d'argent doré, la picque dorce à la main : son Lieu-tenant tout habillé de tafetas vert : le port-enseigne de tafetas couleur de pensee, auec son en-

seigne de tafetas bleuë , rouge,
& vert, portans en deuise vn S.
Maurice tenant sa Croix : au deuant de la compagnie estoient
deux tambours , auec deux flageollets,& trois trompettes.

Quant à ceux de la ville de
Clermont , ils estoient en nombre quelque 50. tous ayans le
pourpoint blanc de toile de Ho-
lande, & les chausses d'escarlat-
te rouge , auec l'escharpe par
dessus le pourpoint des couleurs
de ventre de biche, comme celles
de Monsieur le Prince: trois tambours estoient à la teste de la
compagnie , six trompettes &
deux hauts-bois: le Capitaine armé d'armes luisantes & dorees,
le casque en teste , où estoit vn
haut panache blanc & rouge, son
Lieutenant de mesme, le Porte-

enſeigne auec ſon hauſſe col doré, habillé de ſatin vert-gay, portant vne enſeigne blãche & rouge, où eſtoient grauees les armes
& deuiſes de mõdit ſieur le Prince: ceſte compagnie arriua la der-
niere à Creil, pour ce que ce fut
elle qui amena Monſieur le Prince auec vne infinité de Seigneurs
& Gentils - hommes en bon
eſtat.

Pour ceux de Creil qui ne ſor-
tirent point du Bourg, ſinon
lors qu'il fallut aller au deuant
de Monſieur le Prince, ils eſtoiét
aſſemblez en nombre de 44. hó-
mes tous portans l'eſcharpe de
couleur de penſee: leur Capitaine auoit vn habit de ſatin figuré
tanné, ſon Lieutenant de tafetas gris argenté : le Porte-enſeigne de tafetas de vert de mer, &

ſon enſeigne de tafetas iaune, au
milieu de laquelle y auoit vne
grandé croix blanche, plus ils
auoient deux tambours, & ſix
hauts bois.

Toutes les compagnies eſtans
dóc arriuees à Creil pour la cere-
monie & ſuiet dit cy deſſus, ad-
uerties du partement de Monſieur le Prince de ſon Chaſteau
de Clermont, choiſiſſent de cha-
que compagnie dix hommes des
plus braues & mieux equippez
pour aller au deuant de ſon ex-
cellence, & marchent iuſques à
vne lieuë loing delà, où ils l'at-
tendirent, auec toutes les enſei-
gnes, Trompettes, Hauts-bois,
Phiffres, Flageollets & Tábours:
luy venans auec tous les Seigneurs & Gentils-hommes de ſa
ſuitte: enſemble la compagnie

portant au deuant sa banniere &
enseigne : on tire chacũ vn coup
pour le salüer ; & ainsi en bel or-
dre marchans arriuent finalle-
ment à Creil, où les harquebu-
siers plantez en haye , deschar-
gent leurs harquebuses & mous-
quets pour le salüer de rechef , &
est conduict au logis à luy prepa-
ré pour prendre le contentement
& le plaisir de la dexterité des tireurs. De tous costez ce n'estoiét
que theatres en la ruë où se de-
uoit faire l'exercice, il y auoit vne
multitude grande de peuple qui
y accouroient de routes parts,
comme de Senlis, de Beauuais, de
Beaumont, de Clermont, & des
Bourgs & autres villes voisi-
nes.

Monsieur le Prince ayant prins
son logis , on plante l'anneau

dans lequel il falloit tirer pour
gaigner le prix: on delibere a qui
tireroit le premier, & fut dit que
Senlis commenceroit, 2. Clermont, 3. Mante, 4. Pontoise,
5. Beaumont, 6. Luzerche, 7.
Creil, 8. Verbery, 9. S. Leu.
Et outre ce, ordonné que la có-
pagnie qui donneroit trois fois
en l'anneau , remporteroit &
l'honneur & le prix destiné. Ainsi apres plusieurs coups tirez par
toutes les compagnies , celle de
Beaumont emporta le prix & la
gloire du ieu, au grand contentement de Monsieur le Prince,&
des Seigneurs de sa suitte, loüás
l'experience & la dexterité de tels
tireurs, qui auoient donné par
trois diuerses fois dans l'anneau,
bien que reculez & esloignez d'i-
celuy de plus de cent pas , à cha-

que fois que quelque tireur don-
noit dedans, les trópettes eſtoiét
là qui ne manquoient point à faire leur deuoir de ſonner. Et Dieu
ſçait apres le prix gaigné, cóbien
il y eut de ioye & de reſiouyiſſan-
ce parmy les Beaumontois : ce
fut alors à faire la monſtre gene-
rale par tout le bourg auec les
trompettes & tambours, & au
partir delà boire d'autát à la ſan-
té du Roy, de la Royne, & de
Monſieur le Prince.

FIN.

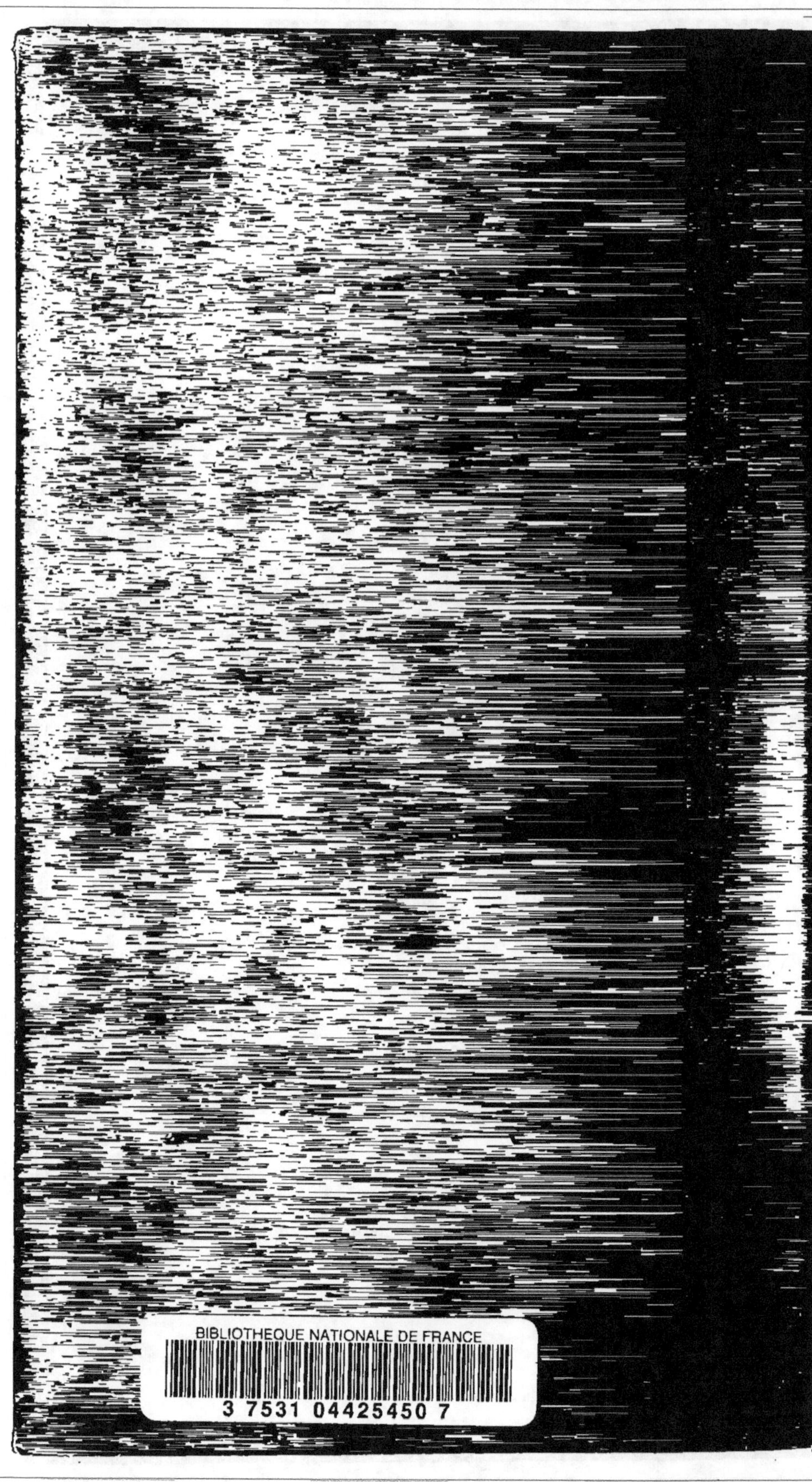
BIBLIOTHEQUE NATIONALE DE FRANCE
3 7531 04425450 7